MW00513050

Impressum
Verlag: BABADADA GmbH, Nedderfeld 112 , 22529 Hamburg
Geschäftsführer / Verlagsleitung: Harald Hof
Druck: Books on Demand GmbH, In de Tarpen 42, 22848 Norderstedt

Imprint
Publisher: BABADADA GmbH, Nedderfeld 112 , 22529 Hamburg, Germany
Managing Director / Publishing direction: Harald Hof
Print: Books on Demand GmbH, In de Tarpen 42, 22848 Norderstedt, Germany

ຫ້ອງຮຽນ
klases telpa

ທາມ
dalīt

ກະດານ
tāfele

ເດີ່ນໂຮງຮຽນ
skolas pagalms

ຄູສອນ
skolotājs

ເຈ້ຍ
papīrs

ຂຽນ
rakstīt

ປາກກາ
pildspalva

ໂຕະເຮັດວຽກ
rakstāmgalds

ໃມ້ບັນທັດ
lineāls

ຫັງສື
grāmata

ນັກຮຽນ
skolēns

ກະເປົາໃສ່ປຶ້ມທີ່ມີສາຍພາຍ

skolas soma

ກັບໃສ່ດິນສໍ

penālis

ດິນສໍ

zīmulis

ເຄື່ອງແຫຼມສໍ

zīmuļu asināmais

ຢາງລຶບ

dzēšgumija

ສະໝຸດແຕ້ມຮູບ

zīmēšanas bloks

ພາບວາດ

zīmējums

ແປງທາສີ

ota

ກ່ອງສີ

krāsas

ມິດຕັດ

šķēres

ກາວ

līme

ປຶ້ມເຝິກຫັດ

darba burtnīca

ວຽກບ້ານ

mājas darbs

ຕົວເລກ

skaitlis

ບວກ

saskaitīt

ລົບ

atņemt

ຄູນ

reizināt

ຄິດໄລ່

rēķināt

ຕົວອັກສອນ

burts

ພະຍັນຊະນະ

alfabēts

ຄຳສັບ

vārds

ຂໍ້ຄວາມ

teksts

ອ່ານ

lasīt

ສໍຂາວ

krīts

ບົດຮຽນ

mācību stunda

ລິງທະບຽນ

žurnāls

ການສອບເສັງ

eksāmens

ໃບຍັ້ງຢືນ

liecība

ຊຸດນັກຮຽນ

skolas forma

ການສຶກສາ

izglītība

ປຶ້ມຮວບຮວມຄວາມຮູ້ສາລະພັດ

enciklopēdija

ມະຫາວິທະຍາໄລ

universitāte

ກ້ອງຈຸລະທັດ

mikroskops

ແຜນທີ່

karte

ກະຕ່າໃສ່ເສດເຈ້ຍ

papīrgrozs

ໂຮງແຮມ
viesnīca

ໂຮສເທລ
hostelis

ບ່ອນແລກປ່ຽນເງິນຕາ
valūtas maiņas punkts

ກະເປົາເດີນທາງ
čemodāns

ລົດຍືມ
automašīna

ພາສາ

Valoda

ແມ່ນ / ບໍ່ແມ່ນ

jā / nē

ຕົກລົງ

Okay

ສະບາຍດີ

Sveiki!

ນັກແປພາສາ

tulks

ຂອບໃຈ

paldies

ລາຄາເທົ່າໃດ...?

Cik maksā...?

ຂ້ອຍບໍ່ເຂົ້າໃຈ

Es nesaprotu

ບັນຫາ

problēma

ສະບາຍດີຕອນແລງ!

Labvakar!

ສະບາຍດີຕອນເຊົ້າ!

Labrīt!

ລາຕິສະຫວັດ

Ar labu nakti!

ລາກ່ອນ

Uz redzēšanos

ທິດທາງ

virziens

ກະເປົ໋າເດີນທາງ

bagāža

ກະເປົ໋າ

soma

ກະເປົ໋າພາຍຫຼັງ

mugursoma

ແຂກ

viesis

ຫ້ອງ

istaba

ຖົງໃສ່ເຄື່ອງນອນ

guļammaiss

ເຕັ້ນ

telts

ຂໍ້ມູນນັກທ່ອງທ່ຽວ

tūrisma informācija

ຊາຍຫາດ

pludmale

ບັດເຄຣດິດ

kredītkarte

ອາຫານເຊົ້າ

brokastis

ອາຫານທ່ຽງ

pusdienas

ອາຫານແລງ

vakariņas

ປີ້

biļete

ລິຟ

lifts

ສະແຕມ

pastmarka

ພົມແດນ

robeža

ພາສີ

muita

ສະຖານທູດ

vēstniecība

ວິຊາ

vīza

ໜັງສືຜ່ານແດນ

pase

ເຮືອບິນ
lidmašīna

ກຳປັ່ນ
kuģis

ລົດດັບເພີງ
ugunsdzēsēju mašīna

ລົດບັນທຸກ
kravas automašīna

ລົດເມ
autobuss

ເຮືອຈັກ
motorlaiva

ລົດຖີບ
velosipēds

ລົດຍົນ
automašīna

ເຮືອຂ້າມຟາກ

prāmis

ເຮືອ

laiva

ລົດຈັກ

motocikls

ລົດຕຳຫຼວດ

policijas automašīna

ລົດແຂ່ງ

sacīkšu automobilis

ລົດເຊົ່າ

nomas auto

ການແບ່ງປັນກັບໃຊ້ລົດ

auto koplietošana

ລົດລາກ

evakuators

ລົດຂົນຂີ້ເຫຍື້ອ

atkritumu mašīna

ເຄື່ອງຍົນ

dzinējs

ເຊື້ອໄຟ

benzīns

ປໍ້ານໍ້າມັນ

degvielas uzpildes stacija

ປ້າຍຈາລະຈອນ

ceļa zīme

ການຈາລະຈອນ

satiksme

ການຈາລະຈອນຕິດຂັດ

sastrēgums

ບ່ອນຈອດລົດ

stāvvieta

ສະຖານີລົດໄຟ

dzelzceļa stacija

ລາງລົດໄຟ

sliedes

ລົດໄຟ

vilciens

ລົດລາງ

tramvajs

ຕູ້ລົດໄຟ

vagons

ເຮລິຄອບເຕີ

helikopters

ສະໜາມບິນ

lidosta

ຫໍຄອຍ

tornis

ຜູ້ໂດຍສານ

pasažieris

ຕູ້ບັນຈຸສິນຄ້າ

konteiners

ກ່ອງເຈ້ຍ

kaste

ກວງນ

ratiņi

ກະຕ່າ

grozs

ເຮືອບິນຂຶ້ນ / ເຮືອບິນລົງຈອດ

pacelties / nosēsties

ບ້ານ

ciems

ໃຈກາງເມືອງ

pilsētas centrs

ເຮືອນ

māja

ໂຮງລະຄອນ
kinoteātris

ໂຄສະນາ
reklāma

ໄຟຖະໜົນ
laterna

ຖະໜົນ
iela

ແທັກຊີ
taksometrs

ຮ້ານຂາຍເຄື່ອງໜົມ
kiosks

ຄົນຍ່າງຕາມທາງ
gājējs

ທາງຍ່າງ
trotuārs

ບ່ອນຂ້າມທາງ
krustojums

ທາງມ້າລາຍ
gājēju pāreja

ຖັງຂີ້ເຫຍື້ອ
atkritumu tvertne

ໄຟຈາລະຈອນ
luksofors

ຕູບ
.....
būda

ແຟລດ
.....
dzīvoklis

ສະຖານີລົດໄຟ
.....
dzelzceļa stacija

ໂຮງການເມືອງ
.....
rātsnams

ຫໍພິພິດຕະພັນ
.....
muzejs

ໂຮງຮຽນ
.....
skola

ມະຫາວິທະຍາໄລ

universitāte

ທະນາຄານ

banka

ໂຮງໝໍ

slimnīca

ໂຮງແຮມ

viesnīca

ຮ້ານຂາຍຢາ

aptieka

ຫ້ອງການ

birojs

ຮ້ານຂາຍໜັງສື

grāmatnīca

ຮ້ານຄ້າ

veikals

ຮ້ານຂາຍດອກໄມ້

ziedu veikals

ຊຸບເປີມາກເກັດ

lielveikals

ຕະຫຼາດ

tirgus

ຂ້າງສັບພະສິນຄ້າ

tirdzniecĩbas centrs

ຮ້ານຂາຍປາ

zivju tirgotãjs

ສູນການຄ້າ

tirdzniecĩbas centrs

ທ່າເຮືອ

osta

ສວນສາທາລະນະ

parks

ແປ້ນມ້າ

sols

ຂົວ

tilts

ຂັ້ນໃດ

kāpnes

ລົດໄຟໃຕ້ດິນ

metro

ອຸໂມງ

tunelis

ປ້າຍລົດເມ

utobusa pieturvieta

ຮ້ານຂາຍເຫຼົ້າ

bārs

ຮ້ານອາຫານ

restorāns

ຕູ້ໄປສະນີ

pastkastīte

ປ້າຍຊື່ຖະໜົນ

ielas nosaukuma plāksne

ມິເຕີເກັບຄ່າຝາກລົດ

stāvlaika skaitītājs

ສວນສັດ

zooloģiskais dārzs

ສະລອຍນ້ຳ

peldbaseins

ວັດມຸດສະລິມ

mošeja

ຟາມ

zemnieku saimniecība

ມົນລະພິດ

vides piesārņojums

ສຸສານ

kapsēta

ໂບດ

baznīca

ເດີ່ນຫຼິ້ນຂອງເດັກນ້ອຍ

spēļu laukums

ອັດມຸດສະລິມ

templis

ພູມິປະເທດ

ainava

ໃບໄມ້ — lapa

ປ້າຍບອກທາງ — ceļrādis

ທາງ — ceļš

ທົ່ງຫຍ້າ — pļava

ກ້ອນຫີນ — akmens

ນັກເດີນທາງໄກດ້ວຍການຍ່າງ — ceļotājs

ຕົ້ນໄມ້ — koks

ແມ່ນ້ຳ — upe

ຫຍ້າ — zāle

ດອກໄມ້ — puķe

ຮ່ອມພູ

ieleja

ເນີນເຂົ້າ

kalns

ທະເລສາບ

ezers

ປ່າ

mežs

ທະເລຊາຍ

tuksnesis

ພູເຂົ້າໄຟ

vulkāns

ທໍປະລາດ

pils

ຮຸ້ງກິນນ້ຳ

varavīksne

ເຫັດ

sēne

ຕົ້ນປາມ

palma

ຍຸງ

moskīts

ແມງວັນ

muša

ມົດ

skudra

ເຜິ້ງ

bite

ແມງມຸມ

zirneklis

ແມງປິກແຂງ

vabole

ກົບ

varde

ກະຮອກ

vāvere

ເໝັ້ນ

ezis

ກະຕ່າຍປ່າ

zaķis

ນົກເຄົ້າ

pūce

ນົກ

putns

ຫ່ງ

gulbis

ໝູປ່າຕົວຜູ້

meža cūka

ກວາງ

briedis

ກວາງໃหย่

alnis

ເຂື່ອນ

aizsprosts

ຫນາກາປັ່ນ

vēja ģenerators

ແຜງໂຊລາເຊລ

saules baterija

ສະພາບອາກາດ

klimats

16   ພູມິປະເทด - ainava

ຄົນເສີບຂາຍ
viesmīlis

ລາຍການອາຫານ
ēdienkarte

ຕັ່ງນັ່ງ
krēsls

ພິສຊາ
pica

ຊຸບ
zupa

ຜ້າປູໂຕະ
galdauts

ເຄື່ອງໃຊ້ເທິງໂຕະອາຫານ
galda piederumi

ອາຫານເລີ່ມຕົ້ນ

uzkoda

ອາຫານຈານຫຼັກ

pamatēdiens

ຂອງຫວານ

deserts

ເຄື່ອງດື່ມ

dzērieni

ອາຫານ

ēdiens

ຂວດແກ້ວ

pudele

ອາຫານຈານດ່ວນ

ātrās uzkodas

ຮ້ານຂາງທາງ

ielu uzkodas

ເຕົ້ານ້ຳຊາ

tējkanna

ຖ້ວຍນ້ຳຕານ

cukurtrauks

ສ່ວນແບ່ງອາຫານສຳລັບທີ່ງຄົນ

porcija

ເຄື່ອງຊົງກາເຟເອສເປຣສໂຊ

espresso kafijas automāts

ເກົ້າອີ້ສູງ

bāra krēsls

ໃບເກັບເງິນ

rēķins

ຖາດ

paplāte

ມີດ

nazis

ສ້ອມ

dakša

ບ່ວງ

karote

ຊ້ອນຊາ

tējkarote

ຜ້າເຊັດປາກຢູ່ໂຕະອາຫານ

salvete

ຈອກແກ້ວ

glāze

ຈານ

škīvis

ຈານຊຸບ

zupas šķīvis

ຈານຮອງ

apakštase

ຂອສ

mērce

ກະປຸກເກືອ

sāls trauciņš

ກະປຸກພິກໄທ

piparu dzirnaviņas

ນ້ຳສົ້ມສາຍຊູ

etiķis

ນ້ຳມັນພືດ

eļļa

ເຄື່ອງເທດ

garšvielas

ຂອສໝາກເດັ່ນ

kečups

ຜັກຈ້ຳພວກຜັກກາດ

sinepes

ມາຍອມເນສ

majonēze

ຂ້າສະເໜີພິເສດ
piedāvājums

ລູກຄ້າ
klients

ຜະລິດຕະພັນທີ່ເຮັດຈາກນ້ຳນົມ
piena produkti

ໝາກໄມ້
augļi

ລົດຂູກ
iepirkumu ratiņi

ຮ້ານຂາຍຊີ້ນ
kautuve

ຮ້ານຂາຍເຂົ້າໜົມປັງ
maizes veikals

ຊັ່ງນ້ຳໜັກ
svērt

ຜັກ
dārzeņi

ຊີ້ນ
gaļa

ອາຫານແຊແຂງ
saldēti produkti

ຊີ້ນເຢັນ

ukstās gaļas uzkodas

ອາຫານກະປ໋ອງ

konservi

ແປ້ງຊັກເຄື່ອງ

pulveris

ເຂົ້າໜົມຫວານ

saldumi

ຜະລິດຕະພັນໃນຄົວເຮືອນ

mājsaimniecības preces

ຜະລິດຕະພັນທຳຄວາມສະອາດ

tīrīšanas līdzeklis

ພະນັກງານຂາຍຍິງ

pārdevēja

ເຄື່ອງຄິດເງິນ

kase

ພະນັກງານເກັບເງິນ

kasieris

ລາຍການຊື້ເຄື່ອງ

iepirkumu saraksts

ເວລາເປີດເຮັດວຽກ

darba laiks

ກະເປົາເງິນ

maks

ບັດເຄຣດິດ

kredītkarte

ຖົງ

soma

ຖົງຢາງ

maisiņš

ນ້ຳ

ūdens

ນ້ຳໝາກໄມ້

sula

ນົມ

piens

ໂຄກ

kola

ອາຍ

vīns

ເບຍ

alus

ເຫຼົ້າ

alkohols

ໂກໂກ້

kakao

ຊາ

tēja

ກາເຟ

kafija

ເອສເປຣສໂຊ

espresso

ຄາປູຊິໂນ

kapučīno

ໝາກກ້ວຍ

banāns

ແອັບເປີ້ມ

ābols

ໝາກກ້ຽງ

apelsīns

ໝາກໂມ

melone

ໝາກນາວ

citrons

ຫົວກະຮິດ

burkāns

ຜັກຫຽມ

ķiploks

ຕົ້ນໄຜ່

bambuss

ຫອມບົ່ວ

sīpols

ເຫັດ

sēne

ຖົ່ວ

rieksti

ເສັ້ນໝີ່

makaroni

ສະປາແກັດຕີ້

spageti

ເຂົ້າ

rīsi

ສະຫຼັດ

salāti

ມັນຝຣັ່ງທອດ

frī kartupeļi

ມັນຝຣັ່ງທອດ

cepti kartupeļi

ພິສຊາ

pica

ແຮມເບີເກີ້

hamburgers

ແຊນວິດຈ໌

sviestmaize

ຊີ້ນຕິດກະດູກ

šnicele

ແຮມ

šķiņķis

ໄສ້ກອກແຫ້ງຊາລາມິ

salami

ໄສ້ກອກ

desa

ໄກ່

vista

ຢ່າງ

cepetis

ປາ

zivs

ເຂົ້າປຸກເຂົ້າໂອດ

auzu pārslas

ອາຫານຂະນົດເປັນເມັດກອບ

muslis

ເຂົ້າຊຸບເປັນບ່ວງນ້ອຍໆ

brokastu pārslas

ເຂົ້າແປ້ງ

milti

ເຂົ້າຈີ່ຂະນົດທີ່ງມີຮູບເດືອນເຄິ່ງໜວຍ

radziņš

ເຂົ້າໜົມປັງແບບມ້ວນ

brokastu maizītes

ເຂົ້າໜົມປັງ

maize

ເຂົ້າໜົມປັງປິ້ງ

tostermaize

ເຂົ້າໜົມປັງຂະນົດກ້ອມນ້ອຍ

cepumi

ເບີຍ

sviests

ນ້ຳນົມແຂ້ນ

biezpiens

ເຄກ

kūka

ໄຂ່

ola

ໄຂ່ດາວ

cepta ola

ເບີຍແຂງ

siers

ກະແລ້ມ

saldējums

ນ້ຳຕານ

cukurs

ນ້ຳເຜີ້ງ

medus

ແຍມ

marmelāde

ຊ້ອກໂກແລັດຄຣິມສະເປຣດ

riekstu krēms

ກະລີ່

karijs

ເຮືອນໃນຟາມ
zemnieka māja

ມັດເຟືອງ
salmu rullis

ສາງທີ່ໃຊ້ເປັນບ່ອນໄວ້ເຟືອງເຂົ້າໃນຟາມ
šķūnis

ທົ່ງນາ
lauks

ມ້າ
zirgs

ລົດພ່ວງ
piekabe

ລູກມ້າ
kumeļš

ລົດແທ໊ກເຕີ້
traktors

ລາ
ēzelis

ລູກແກະ
jērs

ແກະ
aita

ແກະ
kaza

ງົວຕົວແມ່
govs

ລູກງົວ
teļš

ໝູ
cūka

ລູກໝູ
sivēns

ງົວຕົວຜູ້
bullis

ຫ່ານ

zoss

ເປັດ

pīle

ລູກໄກ່

cālis

ແມ່ໄກ່

vista

ໄກ່ຜູ້

gailis

ໜູ

žurka

ແມວ

kaķis

ໜູ

pele

ງົວຕົວຜູ້

vērsis

ໝາ

suns

ຄອກໝາ

suņa būda

ສາຍທໍ່ຍາງທີ່ໃຊ້ໃນສວນ

dārza šļūtene

ຂ້ອງຫົດຕົ້ນໄມ້

lejkanna

ກ່ຽວດ້າມຍາວ

izkapts

ຄັນໄຖ

arkls

ກ່ຽວ

sirpis

ຈິກ

kaplis

ຄາດ

mēslu dakša

ຂວານ

cirvis

ລິດຍູ້ລ້ຽວ

ķerra

ທາງລິນ

sile

ປ່ອງນິມ

piena kanna

ທະສອບ

maiss

ຮົ້ວ

žogs

ຄອກມ້າ

kūts

ເຮືອນກະຈົກ

siltumnīca

ຄືນ

augsne

ແກ່ນ

sēklas

ບຸ່ຍ

mēslojums

ເຄື່ອງກ່ຽວເຂົ້າ

kombains

ເກັບກ່ຽວ

novākt ražu

ການເກັບກ່ຽວ

raža

ເຜືອກ

jamss

ເຂົ້າສາລີ

kvieši

ຖົ່ວເຫຼືອງ

soja

ມັນຝ້ັ່ງ

kartupelis

ເຂົ້າໂພດ

kukurūza

ດອກເຣພຊິດ

rapsis

ຕົ້ນໄມ້ທີ່ອອກໝາກ

augļu koks

ມັນຕົ້ນ

manioka

ພິດຊະນຶດເຂົ້າ

labība

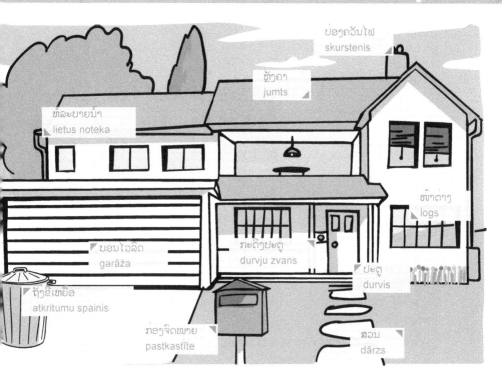

ປ່ອງຄວັນໄຟ
skurstenis

ຫຼັງຄາ
jumts

ທໍ່ລະບາຍນ້ຳ
lietus noteka

ຂ້າງຕ່າງ
logs

ບ່ອນໄວລົດ
garāža

ກະດິ່ງປະຕູ
durvju zvans

ປະຕູ
durvis

ຖັງຂີ້ເຫຍື່ອ
atkritumu spainis

ກ່ອງຈົດໝາຍ
pastkastīte

ສວນ
dārzs

ຫ້ອງຮັບແຂກ

viesistaba

ຫ້ອງນ້ຳ

vannas istaba

ຫ້ອງຄົວ

virtuve

ຫ້ອງນອນ

guļamistaba

ຫ້ອງພັກສຳລັບເດັກນ້ອຍ

bērnu istaba

ຫ້ອງອາຫານ

ēdamistaba

ພື້ນ

grīda

ຝາຜະໜັງ

siena

ເພດານ

griesti

ຫ້ອງເກັບເຄື່ອງໃຕ້ດິນ

pagrabs

ຫ້ອງອົບອາຍນ້ຳ

sauna

ລະບຽງ

balkons

ຊຸ້ມຕາມຂ້າງພູ

terase

ສະລອຍນ້ຳ

baseins

ເຄື່ອງຕັດຫຍ້າ

zāles pļāvējs

ຜ້າປູບ່ອນນອນ

gultas veļa

ຜ້າປູຕຽງ

sega

ຕຽງ

gulta

ຝອຍ

slota

ຖົງ

spainis

ສະວິດ

slēdzis

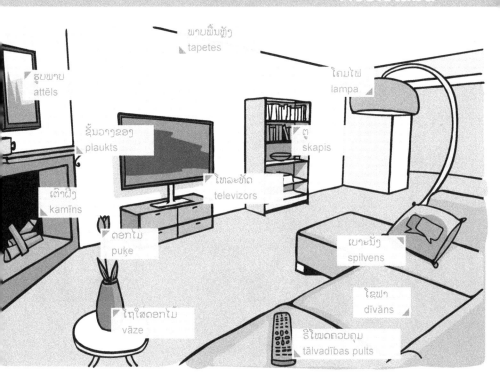

ພາບພື້ນຫ້ອງ
tapetes

ຮູບພາບ
attēls

ໂຄມໄຟ
lampa

ຊັ້ນວາງຂອງ
plaukts

ຕູ້
skapis

ເຕົາຜີງ
kamĭns

ໂທລະທັດ
televizors

ດອກໄມ້
puķe

ເບາະໝັ້ງ
spilvens

ໂຊຟາ
dīvāns

ໄຫໃສ່ດອກໄມ້
vāze

ຣີໂໝດຄອບຄຸມ
tālvadības pults

ພົມປູພື້ນ

paklājs

ຜ້າກັ້ງ

aizkars

ໂຕະ

galds

ຕັ່ງນັ່ງ

krēsls

ຕັ່ງນັ່ງແບບໂຍກໄດ້

šūpuļkrēsls

ຕັ່ງນັ່ງທີ່ມີບ່ອນວາງແຂນ

atpūtas krēsls

ໜັງສື

grāmata

ຜ້າຫົ່ມ

sega

ຂອງຕິກາແຕ່ງ

dekorācija

ຟືນ

malka

ຮູບເງົາ

filma

ເຄື່ອງສຽງລະບົບໄຮໄຟ

mūzikas centrs

ກະແຈ

atslēga

ໜັງສືພິມ

avīze

ການແຕ້ມຮູບ

glezna

ໂປສເຕີ

plakāts

ວິທະຍຸ

radio

ແຜ່ນບັນທຶກ

pierakstu blociņš

ເຄື່ອງດູດຝຸ່ນ

putekļu sūcējs

ຕົ້ນກະບອງເພັດ

kaktuss

ທຽນໄຂ

svece

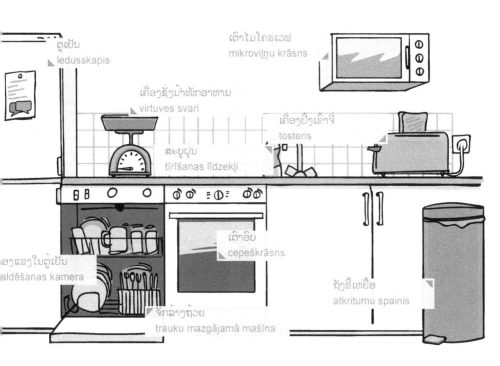

ຕູ້ເຢັນ
ledusskapis

ເຕົາໄມໂຄຣເວຟ
mikroviļņu krāsns

ເຄື່ອງຊັ່ງນ້ຳໜັກອາຫານ
virtues svari

ລະບຸຝຸ່ນ
tīrīšanas līdzekļi

ເຄື່ອງປີ້ງເຂົ້າຈີ່
tosteris

ຊ່ອງແຊ່ໃນຕູ້ເຢັນ
aldēšanas kamera

ເຕົາອົບ
cepeškrāsns

ຖັງຂີ້ເຫຍື້ອ
atkritumu spainis

ຈັກລ້າງຖ້ວຍ
trauku mazgājamā mašīna

ໝໍ້ຕົ້ມ

plīts

ໝໍ້

pods

ໝໍ້ໜຫັກກ້ຳ

katls

ໝໍ້ກະທະຈືນ

Wok panna

ໝໍ້ກະທະກົ້ນແບນ

panna

ກາຕົ້ມນ້ຳ

elektriskā tējkanna

ທ້ອງຄົວ - virtue　　　　35

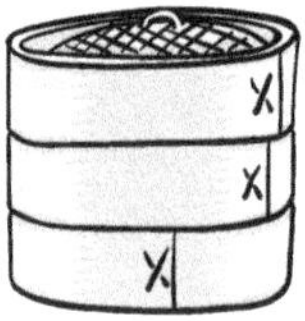

ໝໍ້ໄອນ້ຳ

tvaika katls

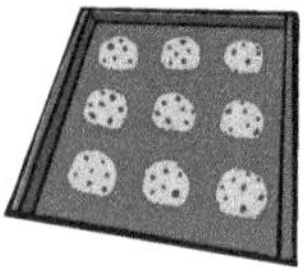

ຖາດອົບ

cepešpanna

ເຄື່ອງຖ້ວຍຊາມ

trauki

ຈອກທີມ

krūze

ຖ້ວຍ

bļoda

ໄມ້ທູ່

irbulīši

ຈອງດ້າມຍາວ

kauss

ຕະຫຼິວ

lāpstiņa

ເຄື່ອງຕີໄຂ່

putošanas slotiņa

ກະຊອນ

sietiņš

ເຄື່ອງຮ່ອນ

siets

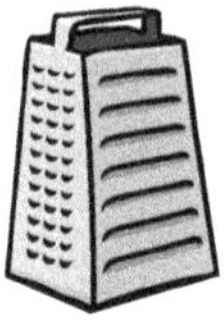

ເຫຼັກຂູດ

rīve

ຄົກ

piesta

ບາບີຄິວ

grilēt

ແຄມໄຟຖາວອນ

atklāts pavards

ຂຽງ

dēlis

ໄມ້ນວດແປ້ງ

mīklas rullis

ເຫຼັກໄຂຄອນແກ້ວ

korķu viļķis

ກະປ່ອງ

bundža

ເຄື່ອງເປີດກະປ່ອງ

konservu nazis

ຖົງມືຈັບຂອງຮ້ອນ

virtuves cimdi

ອ່າງລ້າງຈານ

izlietne

ແປງ

birste

ຟອງນ້ຳ

sūklis

ເຄື່ອງປັ່ນ

mikseris

ຕູ້ແຊ່ແຂງ

saldētava

ຂວດນົມ

bērna pudelīte

ກ໊ອກນ້ຳ

ūdenskrāns

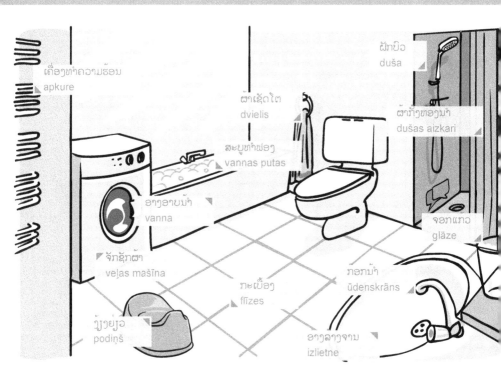

ເຄື່ອງທຳຄວາມຮ້ອນ
apkure

ຜ້າເຊັດໂຕ
dvielis

ສະບູທຳຟອງ
vannas putas

ຜັກບົວ
duša

ຜ້າກັ້ງຫ້ອງນ້ຳ
dušas aizkari

ຈອກແກວ
glāze

ອາງອາບນ້ຳ
vanna

ຈັກຊັກຜ້າ
veļas mašīna

ກະເບື້ອງ
flīzes

ກອກນ້ຳ
ūdenskrāns

ບ່ວຍຢ່ວ
podiņš

ອາງລ້າງຈານ
izlietne

ຫ້ອງສ້ວມ
tualetes pods

ໄຖສ້ວມແບບນັ່ງຍອງ
Āzijas tipa tualete

ໄຖຍ່ວຂອງຜູ້ຍິງ
bidē

ໄຖຍ່ວຂອງຜູ້ຊາຍ
pisuārs

ກະດາດຊຳລະທີ່ໃຊ້ໃນຫ້ອງນ້ຳ
tualetes papīs

ແປງຂັດຫ້ອງນ້ຳ
tualetes birste

ແປງສີຟັນ

zobu birste

ຍາສີຟັນ

zobu pasta

ໄໝຂັດແຂ້ວ

zobu diegs

ລ້າງ

mazgāt

ຜ້າບົ່ວອາບນ້ຳທີ່ໃຊ້ມືຈັບ

rokas duša

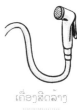

ເຄື່ອງສີດລ້າງ

duša

ອ່າງລ້າງໜ້າ

bļoda

ແປງຖູຫົວ

muguras mazgāšanas birste

ສະບູ

ziepes

ເຈລອາບນ້ຳ

dušas želeja

ແຊມພູ

šampūns

ຜ້າຖູໂຕນ້ອຍ

mazgāšanas drāna

ທີ່ລະບາຍນ້ຳເສຍ

noteka

ຄຣີມ

krēms

ຍາດັບກິ່ນ

dezodorants

ແວ່ນແຍງ

spogulis

ແວ່ນມືຖື

spogulītis

ມີດແຖຫນວດ

skuveklis

ໂຟມແຖຫນວດ

skūšanās putas

ໂລຊັ່ນບຳລຸງຜິວຫຼັງແຖຫນວດ

losjons pēc skūšanās

ຫວີ

ķemme

ແປງ

matu suka

ຈັກເປົ່າຜົມ

matu fēns

ສະເປຂີດຜົມ

matu laka

ຊຸດເຄື່ອງສຳອາງ

grima komplekts

ລິບສະຕິກທາລິບ

lūpu krāsa

ນ້ຳຢາທາເລັບ

nagulaka

ສຳລີ

vate

ມີດຕັດເລັບ

šķērītes

ນ້ຳຫອມ

smaržas

ກະເປົ໋າອາບນ້ຳ

kosmētikas maks

ຕັ່ງສາມຂາ

ķeblītis

ເຄື່ອງຊັ່ງນ້ຳໜັກ

svari

ເສື້ອຄຸມອາບນ້ຳ

halāts

ຖົງມືຢາງ

tīrīšanas cimdi

ຜ້າອະນາໄມແບບສອດ

tampons

ຜ້າອະນາໄມ

pakete

ຫ້ອງນ້ຳເຄມີ

ķīmiskā tualete

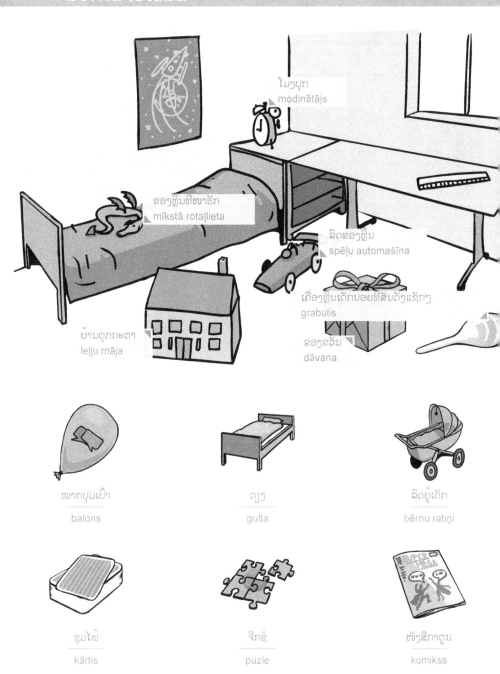

ໂມງປຸກ
modinātājs

ຂອງຫຼິ້ນທີ່ຫນ້າຮັກ
mīkstā rotaļlieta

ລົດຂອງຫຼິ້ນ
spēļu automašīna

ເຄື່ອງຫຼິ້ນເດັກນ້ອຍທີ່ສັ່ນດັງແຊ້ກໆ
grabulis

ບ້ານຕຸກກະຕາ
leļļu māja

ຂອງຂວັນ
dāvana

ໝາກບຸມເບົ້າ
balons

ຕຽງ
gulta

ລົດຍູ້ເດັກ
bērnu ratiņi

ຂຸມໄພ້
kārtis

ຈິກຊໍ
puzle

ໜັງສືກາຕູນ
komikss

ຕິວຕໍ່ເລໂກ້

LEGO klucīši

ບລ໋ອກຂອງຫຼິ້ນ

klucīši

ຮູບປັ້ນທີ່ເຄື່ອນໄຫວໄດ້

varoņu figūra

ເສື້ອຜ້າເດັກເກີດໃໝ່

rāpulītis

ຈານບິນ

lidojošais šķīvītis

ສິ່ງທີ່ແຂວງໄປມາແຂນຢູ່ເທິງຫົວ
ຕຽງເດັກນ້ອຍ

muzikālais karuselis

ເກມກະດານ

galda spēle

ໝາກກະລ໋ອກ

metamais kauliņš

ຊຸດລົດໄຟຈຳລອງ

rotaļu dzelzceļš

ຮູບທຸບ

māneklis

ງານລ້ຽງ

ballīte

ໜັງສືພາບ

bilžu grāmata

ໝາກບານ

bumba

ຕຸກກະຕາ

lelle

ຫຼິ້ນ

spēlēt

ຂຸມດິນຊາຍສຳລັບເດັກນ້ອຍຫຼິ້ນ

smilšu kaste

ຊິງຊ້າ

šūpoles

ຂອງຫຼິ້ນ

rotaļlietas

ເຄື່ອງຫຼິ້ນວິດີໂອເກມ

spēļu konsole

ລົດຖີບສາມລໍ້

trīsritenis

ຕຸກກະຕາໝີ

plīša lācītis

ຕູ້ເສື້ອຜ້າ

drēbju skapis

ລອງເທົ້າ

īszeķes

ຖົງເທົ້າຍາວຜູ້ຍິງ

zeķes

ໃສ້ງຢິດແບບເນື້ອ

zeķbikses

ຜ້າພັນຄໍ
šalle

ຄັນຮົ່ມ
lietussargs

ເສື້ອຍືດຄໍມົນ
T-krekls

ສາຍແອວ
siksna

ເກີບບູດຫ
zābaks

ເກີບແຕະ
čības

ເກີບກິລາ
botas

ເກີບຊ້າຽດານ

sandales

ເກີບ

kurpes

ເກີບບູດກ້າຽາຽ

gumijas zābaki

ໂສ້ງຊ້ອນໃນ

apakšbikses

ເສື້ອຊ້ອນໃນ

krūšturis

ເສື້ອມ້າມ

apakškrekls

ເສື້ອຮັດຂຸບ

bodijs

ໂສ້ງຂາຍາວ

bikses

ໂສ້ງຢິນ

džinsi

ກະໂປ່ງ

svārki

ເສື້ອຜູ້ຍິງ

blūze

ເສື້ອເຊີ໊ດ

krekls

ເສື້ອກັນໜາວ

pulovers

ເສື້ອຄຸມມີໝວກ

džemperis

ເສື້ອໃຫຍ່ທີ່ຕິດກາໂຮງງານຕູ້ກາທິ
ມກິລາ

žakete

ເສື້ອແຈັກເກັດ

jaka

ເສື້ອນອກ

mētelis

ເສື້ອກັນຝົນ

lietus mētelis

ເຄື່ອງແຕ່ງກາຍ

kostīms

ກະໂປ່ງ

kleita

ຊຸດແຕ່ງງານ

kāzu kleita

ເສື້ອສູດ

uzvalks

ຊຸດລາຕິ

naktskrekls

ຊຸດນອນ

pidžama

ຊຸດຊາຣີ

sari

ຜ້າຄຸມຫົວ

lakats

ຜ້າພັນຫົວ

turbāns

ເສື້ອບຸຣຸຍາະ

burka

ເສື້ອຄຸມຄາຟຕານ

kaftāns

ເສື້ອຄຸມອາບາຍ່າ

abaja

ຊຸດລອຍນ້ຳ

peldkostīms

ໂສ້ງໃສ່ລອຍນ້ຳ

peldbikses

ໂສ້ງຂາສັ້ນ

šorti

ຊຸດວອມ

treniņtērps

ຜ້າກັນເປື້ອນ

priekšauts

ຖົງມື

cimdi

ກະດຸມ

poga

ແວ່ນຕາ

brilles

ປອກແຂນ

rokassprādze

ສ້ອຍຄໍ

kaklarota

ແຫວນ

gredzens

ຕຸ້ມຫູ

auskars

ໝວກແກັບ

cepure

ກັງແຂນເສື້ອນອກ

drēbju pakaramais

ໝວກ

platmale

ກາລະຫວັດ

kaklasaite

ຊິບ

rāvējslēdzējs

ໝວກກັນກະທິບ

ķivere

ສາຍໂຍງໂສ້ງ

bikšturi

ຊຸດນັກຮຽນ

skolas forma

ເຄື່ອງແບບ

uniforma

ຜ້າກັນເປື້ອນເດັກ

priekšautiņš

ຫົວທູ່ມ

māneklis

ຜ້າອ້ອມ

autiņbiksītes

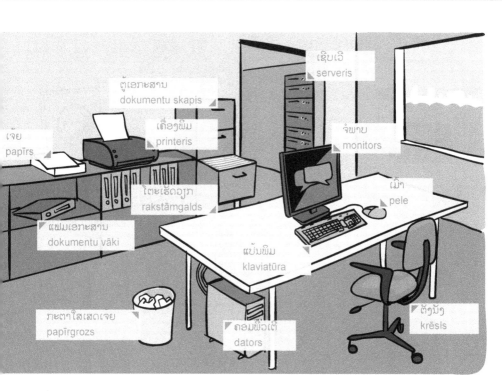

ເຊີບເວີ
serveris

ຕູ້ເອກະສານ
dokumentu skapis

ເຄື່ອງພິມ
printeris

ຈໍພາບ
monitors

ເຈ້ຍ
papīrs

ໂຕະເຮັດວຽກ
rakstāmgalds

ເມົ້າ
pele

ແຟ້ມເອກະສານ
dokumentu vāki

ແປ້ນພິມ
klaviatūra

ກະຕ່າໃສ່ເສດເຈ້ຍ
papīrgrozs

ຄອມພິວເຕີ
dators

ຕັ່ງນັ່ງ
krēsls

ຈອກຫຶ່ນໃສ່ກາເຟ

kafijas krūze

ເຄື່ອງຄິດເລກ

kalkulators

ອິນເຕີເນັດ

internets

ຄອມພິວເຕີແລັບທັອບ

portatīvais dators

ຈົດໝາຍ

vēstule

ຂໍ້ຄວາມ

ziņa

ໂທລະສັບມືຖື

mobilais tālrunis

ເຄືອຂ່າຍ

tīkls

ເຄື່ອງຖ່າຍເອກະສານ

kopētājs

ຊອບແວ

programmatūra

ໂທລະສັບ

telefons

ປັກໄຟ

rozete

ເຄື່ອງແຟັກ

faksa aparāts

ແບບຟອມ

formulārs

ເອກະສານ

dokuments

ຊື້

pirkt

ຈ່າຍ

samaksât

ຖ້າຂາຍ

tirgot

ເງິນ

nauda

ເງິນດອນລາ

dolārs

ເງິນຢູໂຣ

eiro

ເງິນເຢນ

jēna

ເງິນຮູເບີລ

rublis

ເງິນຜຣັ່ງສະວິດ

franks

ເງິນຢວນເຣັນໝິນປີ້

juaṇa renminbi

ເງິນຮູປີ

rūpija

ເຄື່ອງສຳລັບກົດເງິນສົດຈາກທະບ
ຳຄານ

bankomāts

ບ່ອນແລກປ່ຽນເງິນຕາ

valūtas maiņas punkts

ທອງຄຳ

zelts

ເງິນ

sudrabs

ນ້ຳມັນ

nafta

ພະລັງງານ

enerģija

ລາຄາ

cena

ສັນຍາ

līgums

ພາສີ

nodoklis

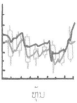

ຫຸ້ນ

akcija

ເຮັດວຽກ

strādāt

ລູກຈ້າງ

darbinieks

ນາຍຈ້າງ

darba devējs

ໂຮງງານ

fabrika

ຮ້ານຄ້າ

veikals

ເຈົ້າໜ້າທີ່ຕຳຫຼວດ
policists

ພະນັກງານດັບເພິງ
ugunsdzēsējs

ພໍ່ຄົວ
pavārs

ທ່ານໝໍ
ārsts

ນັກບິນ
pilots

ຊາວສວນ

dārznieks

ຊ່າງໄມ້

galdnieks

ຊ່າງຫຍິບຜ້າທີ່ເປັນຜູ້ຍິງ

šuvēja

ຜູ້ພິພາກສາ

tiesnesis

ນັກເຄມີ

ķīmiķis

ນັກສະແດງຊາຍ

aktieris

ຄົນຂັບລົດເມປະຈຳທາງ

autobusa vadītājs

ຄົນຂັບແທັກຊີ

taksometra vadītājs

ຊາວປະມົງ

zvejnieks

ແມ່ບ້ານທຳຄວາມສະອາດ

apkopēja

ຊາວມຸງຫຼັງຄາ

jumiķis

ຄົນເສີບຂາຍ

viesmīlis

ນາຍພານ

mednieks

ຊ່າງທາສີ

gleznotājs

ຄົນເຮັດເຂົ້າໜົມປັ້ງ

maiznieks

ຊ່າງໄຟຟ້າ

elektriķis

ຊ່າງກໍ່ສ້າງ

celtnieks

ວິສະວິກອນ

inženieris

ຄົນຂາຍຊີ້ນ

miesnieks

ຊ່າງນ້ຳປະປາ

skārdnieks

ບຸລຸດໄປສະນີ

pastnieks

ທະຫານ

karavīrs

ສະຖາປະນິກ

arhitekts

ພະນັກງານເກັບສິດ

kasieris

ຄົນຂາຍດອກໄມ້

florists

ຊ່າງແຕ່ງຜົມ

frizieris

ພະນັກງານກວດປີ້ລົດ

konduktors

ຊ່າງສ້ອມລົດຍົນ

mehāniķis

ຜູ້ບັງຄັບການ

kapteinis

ໝໍປົວແຂ້ວ

zobārsts

ນັກວິທະຍາສາດ

zinātnieks

ພະໃນສາສະໜາຢິວ

rabīns

ຜູ້ນຳສາວນາມຸສລິມ

imāms

ຄູບາ

mūks

ນັກບວດ

mācītājs

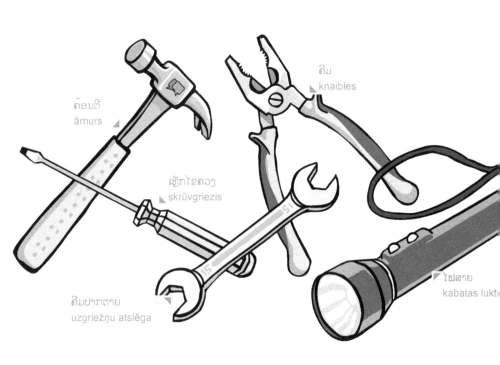

ຄ້ອນຕີ
āmurs

ຄີມ
knaibles

ໄຂກໄຂຄວງ
skrūvgriezis

ຄີມປາກຕາຍ
uzgriežņu atslēga

ໄຟສາຍ
kabatas lukt

ເຄື່ອງຂຸດ

ekskavators

ກັບເຄື່ອງມື

instrumentu kaste

ຂັ້ນໄດ

kāpnes

ເລື່ອຍ

zāģis

ຕະປູ

naglas

ເຈົ້າກຂີ້

urbis

ສ້ອມແປງ

remontēt

ຊ້ວາມ

lāpsta

ຕາຍຫ່າ!

Velns!

ຂອງຊ້ວາມຂີ້ເຫຍື້ອ

liekškere

ຖັ່ງສີ

krāsas bundža

ຕະປູກຽວ

skrūves

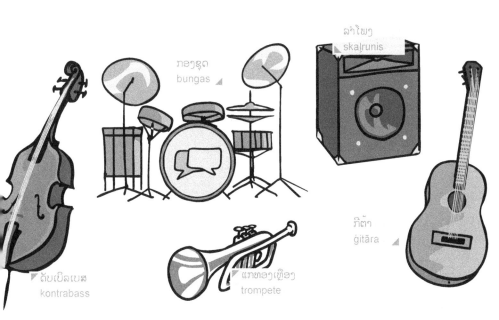

ທອງຊຸດ
bungas

ລຳໂພງ
skaļrunis

ກີຕ້າ
ģitāra

ຄັບເບິລເບສ
kontrabass

ແກາຫອງເປົ້ອງ
trompete

ເປຍໂນ

klavieres

ໄວໂອລິນ

vijole

ເບສ

bass

ກອງທິມປານິ

timpāni

ກອງຊຸດ

bungas

ຄີບອດ

digitālās klavieres

ແຊັກໂຊໂຟນ

saksofons

ຂຸ່ຍ

flauta

ໄມໂຄຣໂຟນ

mikrofons

ເຄື່ອງດົນຕີ - mūzikas instrumenti

zooloģiskais dārzs

ທາງເຂົ້າ
ieeja

ເສືອ
tīģeris

ກົງຂັງມົກ
būris

ມ້າລາຍ
zebra

ອາຫານສັດ
dzīvnieku barība

ໝີແພນດາ
panda

ສັດ
dzīvnieki

ຊ້າງ
zilonis

ກັງກາຣູ
ķengurs

ແຮດ
degunradzis

ລິງໂຫງໃຫຍ່
gorilla

ໝີ
lācis

ອູດ

kamielis

ນົກກະຈອກເທດ

strauss

ສິງໂຕ

lauva

ລິງ

pērtiķis

ນົກຟລາມິງໂກ

flamings

ນົກແກ້ວ

papagailis

ໝີຂົ້ວໂລກ

polārlācis

ນົກເພັນກວິນ

pingvīns

ປາສະຫຼາມ

haizivs

ນົກຍູງ

pāvs

ງູ

čūska

ແຂ້

krokodils

ຜູ້ເບິ່ງແຍງສວນສັດ

zoodārza sargs

ແມວນ້ຳ

ronis

ເສືອຈາກົວ

jaguārs

ມ້າພັນມ້ອຍ

ponijs

ເສືອດາວ

leopards

ຮິບໂປ

nīlzirgs

ໄຕຈິຣາຟ

žirafe

ນກງວ

ērglis

ໝູປ່າຕົວຜູ້

meža cūka

ປາ

zivs

ເຕົ່າ

bruņurupucis

ຊ້າງນ້ຳ

valzirgs

ໝາຈອກ

lapsa

ກວາງນ້ອຍ

gazele

ອາເມລິກັນຟຸດບອນ
amerikāŋu futbols

ຂີ່ລົດຖີບ
riteŋbraukšana

ກິລາເທນນິສ
teniss

ບ້ສເກັດບອລ
basketbols

ກິລາລອຍນ້ຳ
peldēšana

ຊົກມວຍ
bokss

ກິລາຕີຄີເດີ່ນນ້ຳແຂງ
hokejs

ກິລາເຕະບານ
futbols

ກິລາຕີດອກປີກໄກ່
badmintons

ກິລາປະເພດ ແລ່ນ
ເຕັ້ນແລະແກວ່ງ
vieglatlētika

ແຮນບອລ
rokas bumba

ກິລາສະກີ
slēpošana

ກິລາໄປໂລມ້າ
polo

ຫົວ
smieties

ໄດດ
lēkt

ກອດ
apskaut

ຍ່າງ
iet

ຮ້ອງເພງ
dziedāt

ກ້ມ
sapņot

ໄຫວ້ພະ / ສວດມົນ
lūgt

ຈູບ
skūpstīt

ຂຽນ
rakstīt

ແຕ້ມ
zīmēt

ສະແດງ
rādīt

ຢູ້
spiest

ໃຫ້
dot

ເອົາໄປ
ņemt

ມີ
....
būt

ເຮັດ
....
darīt

ເປັນ
....
būt

ຢືນ
....
stāvēt

ແລ່ນ
....
skriet

ດຶງ
....
vilkt

ໂຍນ
....
mest

ລົ້ມ
....
krist

ນອນຢຸດ
....
gulēt

ລໍຖ້າ
....
gaidīt

ຖື
....
nest

ນັ່ງ
....
sēdēt

ແຕ່ງຕົວ
....
uzġērbt

ນອນຫຼັບ
....
gulēt

ຕື່ນນອນ
....
pamosties

ເບິ່ງ

skatīties

ຮ້ອງໄຫ້

raudāt

ລູບ

glāstīt

ຫວີຜົມ

ķemmēt

ລົມ

runāt

ເຂົ້າໃຈ

saprast

ຄໍາຖາມ

jautāt

ຟັງ

dzirdēt

ດື່ມ

dzert

ກິນ

ēst

ຈັດໃຫ້ເປັນລະບຽບ

sakārtot

ຮັກ

mīlēt

ຄົວກິນ

vārīt

ຮັບລົດ

braukt

ບິນ

lidot

ແລ່ນເຮືອ

burot

ຄິດໄລ່

rēķināt

ອ່ານ

lasīt

ຮຽນຮູ້

mācīties

ເຮັດວຽກ

strādāt

ແຕ່ງງານ

precēties

ຫຍິບ

šūt

ແປງຟັນ

tīrīt zobus

ຂ້າ

nogalināt

ສູບຢາ

smēķēt

ລົງ

sūtīt

ແມ່ເຖົ້າ
vecāmāte

ພໍ່ເຖົ້າ
vectēvs

ພໍ່
tēvs

ແມ່
māte

ເດັກເກີດໃໝ່
zulis

ລູກສາວ
meita

ລູກຊາຍ
dēls

ແຂກ

viesis

ປ້າ

tante

ລຸງ

onkulis

ອ້າຍນ້ອງ

brālis

ເອື້ອຍນ້ອງ

māsa

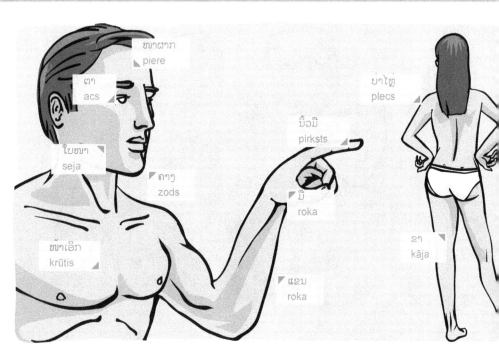

ໜ້າຜາກ
piere

ຕາ
acs

ບ່າໄຫ່
plecs

ໃບໜ້າ
seja

ນີ້ວມື
pirksts

ຄາງ
zods

ມື
roka

ໜ້າເອິກ
krūtis

ແຂນ
roka

ຂາ
kāja

ເດັກເກີດໃໝ່

mazulis

ຜູ້ຊາຍ

vīrietis

ຜູ້ຍິງ

sieviete

ເດັກຍິງ

meitene

ເດັກຊາຍ

zēns

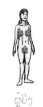

ຫົວ

galva

ຂ້າງ

mugura

ທ້ອງ

vēders

ສະບື

naba

ນິ້ວຕີນ

kājas pirksts

ສົ້ນຕີນ

papēdis

ກະດູກ

kauls

ກະໂພກ

gurns

ທົ່ວເຂົ່າ

celis

ແຂນສອກ

elkonis

ດັງ

deguns

ກົ້ນ

dibens

ຜີວໜັງ

āda

ແກ້ມ

vaigs

ຫູ

auss

ຮີມສົບ

lūpa

ປາກ

mute

ແຂ້ວ

zobs

ລີ້ນ

mēle

ສະໝອງ

smadzenes

ຫົວໃຈ

sirds

ກ້າມເນື້ອ

muskulis

ປອດ

plaušas

ຕັບ

aknas

ກະເພາະ

kuņģis

ໄຕ

nieres

ເພດສຳພັນ

dzimumakts

ຖົງຢາງອະນາໄມ

kondoms

ເຊລລສືບພັນ

olšūna

ນ້ຳອະສຸຈິ

sperma

ການຖືພາ

grūtniecība

ປະຈຳເດືອນ
menstruācijas

ຊ່ອງຄອດ
vagīna

ອະໄວຍະວະເພດຊາຍ
penis

ຄິ້ວ
uzacs

ເສັ້ນຜົມ
mati

ຄໍ
kakls

ໂຮງໝໍ
slimnīca

ລົດໂຮງໝໍ
ātrā palīdzība

ລົດລໍ
ratiŋkrēsls

ຮອຍແຕກ
lūzums

ທານໝໍ

ārsts

ຫ້ອງສຸກເສີມ

neatliekamās palīdzības
nodaļa

ພະຍາບານ

medmāsa

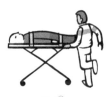

ສຸກເສີມ

ārkārtas gadījums

ຫົກລະຕິ

paģībis

ອາການເຈັບປວດ

sāpes

ການບາດເຈັບ

ievainojums

ເລືອດໄຫຼ

asiņošana

ຫົວໃຈວາຍ

sirdslēkme

ຫຼອດເລືອດໃນສະໝອງ

insults

ອາການແພ້

alerġija

ໄອ

klepus

ໄຂ້

temperatūra

ໄຂ້ຫວັດ

gripa

ຖອກທ້ອງ

caureja

ເຈັບຫົວ

galvassāpes

ໂຣກມະເລງ

vēzis

ພະຍາດເບົາຫວານ

diabēts

ໝໍຜ່າຕັດ

ķirurgs

ມີດຜ່າຕັດ

skalpelis

ການຜ່າຕັດ

operācija

ເຄື່ອງເອັກສເຣຄອມພິວເຕີ

datortomogrāfija

ເອັກຊ໌-ເຣ

rentgents

ອຸລຕຣາຊາວ (ultrasound)

ultraskaņa

ໜ້າກາກອະນາໄມ

sejas maska

ພະຍາດ

slimība

ຫ້ອງລໍຖ້າ

uzgaidāmā telpa

ໄມ້ຄ້າຂື້ແຮ້

kruķis

ຜ້າຢາງຕິດບາດ

plāksteris

ຜ້າພັນແຜ

apsējs

ສັກຢາ

injekcija

ເຄື່ອງຟັງປອດຫົວໃຈ

stetoskops

ເປຫາມຄົນເຈັບ

nestuves

ບາຫຼອດວັດໄຂ້

termometrs

ການເກີດ

dzemdības

ນ້ຳໜັກເກີນ

liekais svars

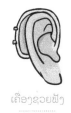

ເຄື່ອງຊ່ວຍຟັງ

dzirdes aparāts

ນ້ຳຢາຂ້າເຊື້ອ

dezinfekcijas līdzeklis

ການຕິດເຊື້ອ

infekcija

ເຊື້ອໄວຣັສ

vīruss

HIV / ເອດສ໌

HIV / AIDS

ຢາ

zāles

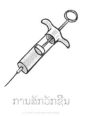

ການສັກວັກຊີນ

pote

ຢາເມັດ

tabletes

ຢາເມັດ

pretapauglošanās tablete

ໂທອອກສຸກເສີນ

ārkārtas izsaukums

ເຄື່ອງວັດຄວາມດັນເລືອດ

asinsspiediena mērītājs

ໄຂ້ / ສຸຂະພາບດີ

slims / vesels

ຊ່ວຍດ້ວຍ!

Palīgā!

ສັນຍານເຕືອນໄພ

trauksme

ການທຳຮ້າຍຮ່າງກາຍ

uzbrukums

ການໂຈມຕີ

uzbrukums

ອັນຕະລາຍ

bīstamība

ທາງອອກສຸກເສີນ

avārijas izeja

ໄຟໄໝ້!

Uguns!

ບັ້ງດັບເພີງ

ugunsdzēšamais aparāts

ອຸປະຕິເຫດ

negadījums

ຊຸດປະຖົມພະຍາບານຂັ້ນຕົ້ນ

pirmās palīdzības aptieciņa

ສັນຍານຂໍຄວາມຊ່ວຍເຫຼືອ

SOS

ຕຳຫຼວດ

policija

ເອີຣົບ

Eiropa

ອາເມລິກາເໜືອ

Ziemeļamerika

ອາເມລິກາໃຕ້

Dienvidamerika

ອາຟຣິກາ

Āfrika

ເອເຊຍ

Āzija

ອອສເຕຣເລຍ

Austrālija

ແອດແລນຕິກ

Atlantijas okeāns

ປາຊີຟິກ

Klusais okeāns

ມະຫາສະໝຸດອິນເດຍ

Indijas okeāns

ຫາສະໝຸດແອນຕາຕິກ

Dienvidu okeāns

ມະຫາສະໝຸດອາກຕິກ

Ziemeļu ledus okeāns

ຂົ້ວໂລກເໜືອ

Ziemeļpols

ຂົ້ວໂລກໃຕ້

Dienvidpols

ແອນຕາຣຕິກາ

Antarktika

ໂລກ

zeme

ດິນ

zeme

ທະເລ

jūra

ເກາະ

sala

ຊາດ / ປະເທດຊາດ

nācija

ລັດ

valsts

ໜ້າປັດໂມງ

ciparnīca

ເຂັມໂມງ

stundu rādītājs

ເຂັມນາທີ

minūšu rādītājs

ເຂັມວິນາທີ

sekunžu rādītājs

ຈັກໂມງແລ້ວ?

Cik ir pulkstenis?

ວັນ

diena

ເວລາ

laiks

ຕອນນີ້

tagad

ໂມງດີຈິຕອລ

digitālais pulkstenis

ນາທີ

minūte

ຊົ່ວໂມງ

stunda

ອ້ນຈັນ
pirmdiena

ອ້ນພຸດ
trešdiena

ອ້ນສຸກ
piektdiena

ອ້ນຄານ
otrdiena

ອ້ນເສົາ
sestdiena

ອ້ນພະຫັດ
ceturtdiena

ອ້ນອາທິດ
svētdiena

ມື້ວານນີ້
vakardien

ມື້ນີ້
šodien

ມື້ອື່ນ
rītdien

ຕອນເຊົ້າ
rīts

ຕອນທ່ຽງ
pusdienlaiks

ຕອນແລງ
vakars

ອ້ນເຮັດວຽກ
darbadienas

ທ້າຍສັບປະດາ
brīvdienas

ຝົນຕົກ
lietus

ຮຸ້ງກິນນ້ຳ
varavīksne

ລົມ
vējš

ຫິມະ
sniegs

ລະດູໃບໄມ້ປົ່ງ
pavasaris

ລະດູຮ້ອນ
vasara

ລະດູໃບໄມ້ຫຼົ່ນ
rudens

ລະດູໜາວ
ziema

4.APRIL	11°	☀
5.APRIL	4°	☁
6.APRIL	13°	🌧
7.APRIL	8°	❄
8.APRIL	10°	☀

ການພະຍາກອນອາກາດ

laika prognoze

ເຄື່ອງວັດອຸນຫະພູມ

termometrs

ແສງແດດ

saules gaisma

ຂີ້ເຝື້ອ

mākonis

ໝອກ

migla

ຄວາມຊຸ່ມ

gaisa mitrums

ສາຍຟ້າແມບ

zibens

ຟ້າຮ້ອງ

pērkons

ພະຍຸ

vētra

ໝາກເຫັບ

krusa

ລົມມ່ະສຸມ

musons

ນ້ຳຖ້ວມ

plūdi

ນ້ຳກ້ອນ

ledus

ມັງກອນ

janvāris

ກຸມພາ

februāris

ມີນາ

marts

ເມສາ

aprīlis

ພຶດສະພາ

maijs

ມິຖຸນາ

jūnijs

ກໍລະກົດ

jūlijs

ສິງຫາ

augusts

ກັນຍາ

septembris

ຕຸລາ

oktobris

ພະຈິກ

novembris

ທັນວາ

decembris

ຮູບຮ່າງ
formas

ວົງມົນ

aplis

ສີ່ຫຼ່ຽມ

kvadrāts

ຮູບສີ່ຫຼ່ຽມມຸມສາກ

četrstūris

ສາມຫຼ່ຽມ

trīsstūris

ໜ່ວຍກົມ

lode

ຮູບສີ່ຫຼ່ຽມມີນກົມ

kubs

ສີຂາວ

balts

ສີເຫຼືອງ

dzeltens

ສີສົ້ມ

oranžs

ສີບົວ

sārts

ສີແດງ

sarkans

ສີມ່ວງ

lillā

ສີຟ້າ

zils

ສີຂຽວ

zaļš

ສີນ້ຳຕານ

brūns

ສີເທົາ

pelēks

ສີດຳ

melns

ງ່າຍ / ນ້ອຍ

daudz / maz

ໃຈຮ້າຍ / ໃຈເຢັນ

saniknots / miermīlīgs

ງາມ / ຂີ້ຮ້າຍ

skaists / neglīts

ເລີ່ມຕົ້ນ / ການສິ້ນສຸດ

sākums / beigas

ໃຫຍ່ / ນ້ອຍ

liels / mazs

ແຈ້ງ / ມືດ

gaišs / tumšs

ນ້ອງຊາຍທີ່ອ້າຍ /
ນ້ອງສາວທີ່ເອື້ອຍ

brālis / māsa

ສະອາດ / ເປື້ອນ

tīrs / netīrs

ສຳເລັດ / ບໍ່ສຳເລັດ

pilnīgs / nepilnīgs

ກາງວັນ / ກາງຄືນ

diena / nakts

ຕາຍ / ມີຊີວິດ

miris / dzīvs

ກວ້າງ / ແຄບ

plats / šaurs

ກິນໄດ້ / ກິນບໍ່ໄດ້

baudāms / nebaudāms

ຊົ່ວຮ້າຍ / ໃຈດີ

nikns / laipns

ຂ້າຕົນເຕັ້ນ / ຂ້າເບື່ອ

satraukts / garlaikots

ອ້ວນ / ຈ່ອຍ

resns / tievs

ທ່າອິດ / ສຸດທ້າຍ

pirmais /pēdējais

ເພື່ອນ / ສັດຕູ

draugs / ienaidnieks

ເຕັມ / ວ່າງເປົ່າ

pilns / tukšs

ແຂງ / ນຸ້ມ

ciets / mīksts

ໜັກ / ເບົາ

smags / viegls

ຄວາມຊື່ / ຄວາມຊື່ອນ້ຳ

izsalkums / slāpes

ໄຂ້ / ສູຂະພາບດີ

slims / vesels

ຜິດກົດໝາຍ / ຖືກກົດໝາຍ

nelegāls / legāls

ສະຫຼາດ / ໂງ່

inteliġents / dumjš

ຊ້າຍ / ຂວາ

kreisais / labais

ໃກ້ / ໄກ

tuvu / tālu

ໃໝ່ / ໃຊ້ແລ້ວ

jauns / lietots

ບໍ່ມີຫຍັງ / ບາງສິ່ງບາງຢ່າງ

nekas / kaut kas

ແກ່ / ໜຸ່ມ

vecs / jauns

ເປີດ / ປິດ

ieslēgts / izslēgts

ເປີດ / ປິດ

atvērts / slēgts

ງຽບ / ດັງ

kluss / skaļš

ຮັ່ງມີ / ຍາກຈົນ

bagāts / nabags

ຖືກ / ຜິດ

pareizi / nepareizi

ບໍ່ລຽບ / ລຽບ

raupjš / gluds

ໂສກເສົ້າ / ດີໃຈ

noskumis / laimīgs

ສັ້ນ / ຍາວ

īss / garš

ຊ້າ / ໄວ

lēns / ātrs

ປຽກ / ແຫ້ງ

slapjš / sauss

ອຸ່ນ / ຂາວເຢັນ

silts / vēss

ສົງຄາມ / ສັນຕິພາບ

karš / miers

0	**1**	**2**
ສູນ	ໜຶ່ງ	ສອງ
nulle	viens	divi
3	**4**	**5**
ສາມ	ສີ່	ຫ້າ
trīs	četri	pieci
6	**7**	**8**
ຫົກ	ເຈັດ	ແປດ
seši	septiņi	astoņi
9	**10**	**11**
ເກົ້າ	ສິບ	ສິບເອັດ
deviņi	desmit	vienpadsmit

12

ສິບສອງ

divpadsmit

13

ສິບສາມ

trīspadsmit

14

ສິບສີ່

četrpadsmit

15

ສິບຫ້າ

piecpadsmit

16

ສິບຫົກ

sešpadsmit

17

ສິບເຈັດ

septiņpadsmit

18

ສິບແປດ

astoņpadsmit

19

ສິບເກົ້າ

deviņpadsmit

20

ຊາວ

divdesmit

100

ໜຶ່ງຮ້ອຍ

simts

1.000

ໜຶ່ງພັນ

tūkstotis

1.000.000

ໜຶ່ງລ້ານ

miljons

ພາສາອັງກິດ

angļu

ພາສາອັງກິດແບບອາເມລິກັນ

amerikāņu angļu

ພາສາຈີນແບບມາຕຣິນ

ķīniešu mandarīnu valoda

ພາສາຮິນດີ

hindi

ພາສາສະເປນ

spāņu

ພາສາຝຣັ່ງເສດ

franču

ພາສາອາຣັບ

arābu

ພາສາຣັດເຊຍ

krievu

ພາສາປ໌ອກຕຸຍການ

portugāļu

ພາສາແບງກາລ

bengāļu

ພາສາເຍຍລະມັນ

vācu

ພາສາຍີ່ປຸ່ນ

japāņu

ຂ້ອຍ

es

ເຈົ້າ

tu

ລາວ (ຜູ້ຊາຍ) / ລາວ (ຜູ້ຍິ່ງ) / ມັນ

viņš / viņa

ພວກເຮົາ

mēs

ພວກເຈົ້າ

jūs

ພວກເຮົາ

viņi / viņas

ໃຜ?

kas?

ແມ່ນຫຍັງ?

ko?

ແນວໃດ?

kā?

ຢູ່ໃສ?

kur?

ເມື່ອໃດ?

kad?

ຊື່

vārds

ຢູ່ທາງຫັ້ງ

aiz

ໃນ

iekšā

ຢູ່ທາງໜ້າ

priekšā

ເໜືອກວ່າ

virs

ຢູ່ເທິງ

uz

ຢູ່ກ້ອງ

zem

ທາງຊ້າງ

blakus

ຢູ່ລະຫວ່າງ

starp

ສະຖານທີ່

vieta

CPSIA information can be obtained
at www.ICGtesting.com
Printed in the USA
LVHW042313261020
669824LV00002B/506